AF337605

DÉDICACE

DE L'ÉGLISE

DE NOTRE-DAME DE BAUDIN.

LONS-LE-SAUNIER,

IMPRIMERIE ET LITHOGRAPHIE DE ROBERT.

—

1854.

Cet exposé succinct des cérémonies de la Dédicace
d'une Eglise a été fait à la hâte. Il pourra néanmoins
suffire aux fidèles pour suivre avec quelque intérêt
toutes ces belles et mystérieuses cérémonies. Ce sera
aussi pour ceux qui y auront assisté, un souvenir de
de la Dédicace de l'Eglise de Baudin.

Baudin, 28 septembre 1854.

DÉDICACE

DE L'ÉGLISE

DE NOTRE-DAME DE BAUDIN.

Le dimanche premier octobre, fête du Saint-Rosaire, à sept heures du matin, Monseigneur l'Evêque de Saint-Claude se rend en rochet et mosette dans l'Eglise à consacrer: il y donne ses ordres pour la cérémonie, fait allumer les douze cierges qui doivent brûler devant les douze croix, et placer un pliant sur un tapis au milieu de l'Eglise. Cela fait, il congédie tout le monde et sort lui-même, ne laissant dans l'Eglise qu'un diacre vêtu de l'aube et de l'étole blanche, pour répondre aux versets *Attollite portas.*

De l'Eglise nouvelle Monseigneur va à la chapelle où la veille ont été déposées les reliques des Saints qui doivent être placées sous l'autel. Il y récite les sept psaumes de la pénitence, et durant ce temps il se revêt de l'aube, de l'étole et du pluvial ou chappe de couleur blanche. Les sept psaumes terminés, Monseigneur se rend, la mitre simple sur la tête et la crosse en main, à la porte de l'Eglise. Après le chant de l'antienne *Adesto* et de l'oraison *Actiones,* il se prosterne sur le pliant qui est devant lui, pendant que le chœur chante les litanies des Saints jusqu'à ces mots: *Ab omni malo.* Monseigneur se relève alors et bénit debout l'eau et le sel; il asperge ensuite de cette eau lui et ceux qui l'entourent, le chœur chantant l'antienne *Asperges me,* puis il fait à l'extérieur le tour de l'Eglise, aspergeant les murs avec l'eau qu'il vient de bénir; ce qu'il répète trois fois, s'arrêtant chaque fois devant les portes de l'Eglise qu'il frappe de sa crosse. Au troisième coup de crosse les portes s'ouvrent et l'Evêque seul entre dans l'Eglise avec le clergé qui l'assiste, le chœur et ceux qui doivent placer et enduire la pierre sur le sépulcre des reliques.

Les cérémonies accomplies jusqu'ici ne sont guère que les préliminaires de la Dédicace proprement dite de l'Eglise. Les trois processions de l'Evêque autour de l'Eglise rappellent celles des prêtres d'Aaron autour de Jéricho, et l'écroulement des murailles de cette ville devant l'Arche sainte portée par les prêtres. Ces trois processions signifient en outre la prédication du Sauveur et des Apôtres à travers le monde, et devant laquelle tomba l'empire que le démon avait usurpé sur la terre.

Les trois coups de crosse de l'Evêque contre la porte de l'Eglise nous doivent rappeler que l'Eglise entière ou la société des fidèles est dédiée à la Sainte Trinité qui s'en est acquis la possession par ces trois opérations : le Père par la Création, le Fils par la Régénération, le Saint-Esprit par la Sanctification. Le troisième coup après lequel les portes s'ouvrent, quand l'Evêque prononce ces mots *Ecce crucis signum, etc.*, signifie la défaite du démon fuyant devant la Croix et le souverain domaine de Jésus-Christ sur la terre par la mort.

Les paroles de l'Evêque, *Paix à cette maison, etc.*, quand il entre dans l'Eglise, signifient l'entrée de Jésus-Christ dans le monde, venant réconcilier par la mort la terre avec le Ciel et apporter la paix aux hommes de bonne volonté.

Mais pour entrer plus avant dans le sens des cérémonies saintes qui vont s'accomplir à l'intérieur de l'Eglise, il est bon de se rappeler ce que dit saint Bernard, que ce qui se fait visiblement sur ces pierres, sur ces murailles, c'est ce qui s'est fait et ce qui se doit achever spirituellement en chacun de nous. La sanctification de l'Eglise matérielle a dans ses cérémonies et ses effets les plus grandes analogies avec notre propre sanctification à nous-mêmes. Dans sa Dédicace, l'Eglise est, comme nous l'avons été dans le Baptême, elle-même comme baptisée par l'aspersion et consacrée par les onctions qui se font sur ses murailles. Elle cesse par sa Dédicace d'être une chose commune et profane, pour devenir une chose sacrée et dédiée à Dieu, tout comme nous-mêmes par le Baptême nous cessons d'être la postérité du vieil Adam pour devenir celle du nouveau, les frères de Jésus-Christ et les fils adoptifs de Dieu. Elle est dans sa Dédicace, comme nous l'avons été encore nous-mêmes au Baptême, placée, elle aussi, sous le patronage d'un ou de plusieurs des glorieux habitants du Ciel. Enfin, de même que nos corps sont dédiés et consacrés par le Baptême en vue de la demeure que doit y faire Jésus-Christ pour être en nous le principe des bonnes œuvres, de même aussi l'Eglise est dédiée et consacrée en vue de l'autel qui représente Jésus-Christ, et qui par le sacrifice auguste qui s'y doit célébrer, devient la source d'où découle et s'étend sur les fidèles le bienfait de la Rédemption opérée sur la Croix.

Tels sont en résumé le sens et la signification des cérémonies qui se vont accomplir à l'intérieur de l'Eglise. L'Evêque qui est maintenant entré entonne, au milieu de l'Eglise, le *Veni Creator etc.*; pendant que le chœur le chante, un des assistants de l'Evêque répand de la cendre sur le pavé de manière à en former une croix qui aille, en travers, aux quatre coins de l'Eglise. Le chœur commence ensuite les litanies des Saints, l'Evêque se tenant appuyé sur le pliant placé devant lui jusqu'à ces paroles : *Ut omnibus fidelibus, etc.* Pendant le *Benedictus*, il trace du bout de sa crosse, sur la cendre d'abord, l'alphabet grec, puis l'alphabet latin. Cet alphabet que trace l'Evêque signifie les rudiments de la foi que doit, avant tout, savoir celui qui veut être baptisé ; la croix elle, signifie la vraie science du chrétien, et la cendre sur laquelle se fait cette croix, l'infirmité de notre nature.

L'Evêque bénit ensuite l'eau dont il se doit servir pour asperger l'autel, puis les murs et le pavé de l'Eglise ; il mêle à cette eau du vin, du sel et de la cendre. L'eau signifie les larmes de la pénitence ; le vin, la joie du chrétien ; le sel, la sagesse qui le doit toujours inspirer; la cendre, l'humilité dont il doit être constamment pénétré.

L'Evêque trempe le pouce dans cette eau qu'il vient de bénir et fait cinq croix sur la table de l'autel, puis après avoir commencé l'antienne *Asperges me*, et pendant le chant du psaume *Miserere etc., etc.*, il fait sept fois le tour de l'autel et trois fois le tour de l'Eglise, aspergeant avec l'hysope la table et la base de l'autel, puis à l'intérieur les murs et le pavé de l'Eglise.

Ces cérémonies terminées, l'Evêque s'avance devant l'autel, fait avec la même eau bénite le mortier destiné à cimenter le sépulcre qui doit recevoir les reliques. Le reste de cette eau bénite est répandu autour de la base de l'autel.

L'Evêque sort en ce moment de l'Eglise et se rend processionnellement à la chapelle des reliques. Avant d'y entrer, il récite l'oraison *Offer à nobis etc.*; lorsqu'il y entre, le chœur chante l'antienne *O quam gloriosum est regnum, etc.* Au chant de l'antienne *Cum jucunditate*, la procession part de la chapelle, deux prêtres en chasuble portant sur leurs épaules le brancard sur lequel sont déposées les reliques. Arrivée à la porte de l'Eglise, la procession s'arrête, puis fait le tour de l'Eglise, le peuple suivant et chantant *Kyrie eleison, etc.*; la procession revenue à la porte de l'Eglise, l'Evêque s'assied et adresse aux fidèles et au fondateur une courte allocution. Il se lève ensuite, dépose sa mitre, fait à l'extérieur une onction sur la porte de l'Eglise; après quoi, au chant de l'antienne *Ingredimini sancti Dei etc., etc.*, les deux prêtres élèvent sur leurs épaules le brancard des reliques; l'Evêque, le clergé et le peuple entrent dans l'Eglise.

Arrivé à l'autel, l'Evêque oint aux quatre coins avec le Saint-Chrême le sépulcre ou la fosse qui doit recevoir les reliques; il les y dépose ensuite respectueusement, oint en dessous, toujours avec le Saint-Chrême, la pierre qui doit recouvrir le sépulcre, la fixe avec le mortier qu'il a précédemment préparé et la oint encore par dessus avec le Saint-Chrême.

L'Evêque bénit ensuite l'encens, le met dans l'encensoir, encense de tous côtés l'autel, puis après qu'on l'a nettoyé à l'endroit où l'on a cimenté le sépulcre, il l'encense par dessus, au milieu, aux quatre côtés, et remet l'encensoir au prêtre qui, durant la Consécration de l'autel, devra continuer les encensements dans tous les moments où l'Evêque ne les aura pas à faire lui-même.

La Consécration de l'autel se fait à plusieurs

reprises. L'Evêque oint en cinq endroits l'autel, au milieu et aux quatre coins ; une première fois et une deuxième fois avec l'huile des cathécumènes, une troisième fois avec le Saint-Chrême ; il répand ensuite et étend avec la main sur l'autel de l'huile des cathécumènes et du Saint-Chrême. Puis, il descend de l'autel dans la nef et fait, en forme de croix, avec le Saint-Chrême, douze onctions sur chacune des douze croix peintes sur les murailles. Chaque croix est, après l'onction qu'elle a reçue, encensée de trois coups par l'Evêque.

Les onctions achevées sur les murailles, l'Evêque revient à l'autel ; il l'encense par dessus, commence l'antienne *Ædificavit etc.*, bénit l'encens qui doit brûler sur l'autel, fait avec cet encens, de sa propre main, cinq croix, chacune de cinq grains ; il les place aux cinq endroits de l'autel où ont été faites les croix et les onctions. Sur chacune de ces cinq croix d'encens il place des croix de cire que l'on allume pour que l'encens brûle avec elles sur l'autel. Après cela, quand on a ramassé les restes de ces petites croix et nettoyé l'autel, l'Evêque fait encore, sans rien dire, deux onctions, l'une à la face de l'autel, et l'autre aux jointures de la table qui recouvre les reliques, puis il monte à son trône et bénit les nappes de l'autel et les autres objets destinés au culte.

Maintenant qu'est terminée l'indication des cérémonies diverses de la Consécration de l'autel et de l'Eglise, un mot seulement pour l'intelligence de quelques-unes au moins de ces cérémonies les plus apparentes.

Les reliques des Saints sont placées sous l'autel, non pas que nous croyons que ces os inanimés puissent avoir de la vertu par eux-mêmes, mais les Saints ont exercé en leur corps de si grandes vertus que Dieu aime les membres qui en ont été les instruments. Leurs mérites nous servent et leurs vertus nous instruisent. Les reliques sont cimentées sous l'autel pour indiquer que Dieu a approuvé et scellé leurs mérites.

Les cinq onctions de l'autel faites au milieu et aux quatre coins représentent les fidèles répandus aux quatre coins du monde s'unissant à la croix sur laquelle Jésus-Christ a été attaché au milieu du monde. Cette croix, les fidèles la doivent porter 1° dans le cœur, par la méditation continuelle qu'ils en doivent faire; 2° dans la bouche, par la profession qu'ils font hautement de leur foi à Jésus crucifié; 3° en leur corps, par la mortification qu'ils doivent pratiquer et par les souffrances qu'ils doivent patiemment endurer; 4° au front, par le signe de la croix qu'ils y impriment.

Les sept tours que fait l'Evêque à l'entour de l'autel sont, dit un ancien auteur, les sept pèlerinages de Jésus-Christ dans le monde, 1° dans le sein de la Vierge, 2° du sein de la Vierge à la crèche, 3° de la crèche au milieu des hommes, 4° du milieu des hommes à la croix, 5° de la croix au sépulcre, 6° du sépulcre aux limbes, 7° des limbes au ciel.

Le reste de l'eau bénite qui a servi à l'aspersion de l'autel est répandu et jeté à sa base. C'est un souvenir de ce qui se pratiquait dans les sacrifices des Juifs, et cela veut dire, dans la nouvelle loi, que le prêtre et le peuple, ayant sacrifié avec toute la piété et toute la dévotion possibles à l'homme, ils s'en remettent pour le reste aux mérites de la passion de Jésus-Christ.

L'encensement que l'Evêque fait à l'autel aux quatre coins et au milieu, signifie qu'après le baptême, nous devons abonder en bonnes œuvres dont l'odeur doit s'élever comme un parfum délicieux vers Dieu. L'encensement de l'autel en forme de croix en long et en large figure le Fils de Dieu offrant sans cesse pour nous, à Dieu son père, sa mort et ses souffrances. La continuation des encensements par le prêtre quand l'Evêque cesse de les faire lui-même, signifie l'intercession incessante de Jésus-Christ à son père pour nous.

Les douze croix que forme l'Evêque sur les murailles signifient les trois fois quatre parties du monde d'où les hommes seront rassemblés au Jugement dernier pour être jugés par Jésus-Christ et les Apôtres.

C'est par les Apôtres qu'auront été assemblés les fidèles par le baptême qu'ils leur ont conféré au nom de la Sainte Trinité dont est formé le nombre douze. L'onction signifie la grâce sans l'aide de laquelle ne pourrait être portée la croix de Jésus-Christ. Le cercle qui ceint les croix indique l'indestructible unité de la foi catholique.

Les douze cierges placés devant les douze croix rappellent les douze Patriarches, les douze Princes portant leurs présents au temple de Salomon, les douze Apôtres qui ont éclairé le monde par la doctrine de Jésus-Christ. La lumière de ces cierges marque la claire vérité de la doctrine évangélique, et l'uniformité de ces douze lumières, l'uniformité parfaite de la doctrine apostolique.

L'Evêque, l'Eglise et l'autel une fois consacrées, y célèbre pontificalement la messe, afin de montrer au peuple que ces lieux auparavant communs et profanes sont maintenant sanctifiés et consacrés à Dieu; qu'en cet autel, sur lequel il va maintenant célébrer, résident la vie et le pardon du peuple, et que Dieu s'y plaira à s'entretenir avec ses enfants par amour pour son Fils qui y sera immolé.

INSCRIPTIONS

DE LA FAÇADE DE L'ÉGLISE.

DEUS
CLEMENS ADESTO, BENIGNUS ASPIRA.
AVE MARIA BEATA
IMMACULATA.
ANGELICÆ VIRTUTES
OCCURRITE.
LAURENTI MARTYR CHRISTI, PRÆSUL ELIGY
TUEMINI.
PII TRIOMPHALE PIGNUS
INGREDERE.

O Dieu clément!
assistez-nous, inspirez-nous.
Salut, ô Marie, bienheureuse,
immaculée.
Vertus angéliques
accourez.
Saint Laurent, martyr de Jésus-Christ,
Pontife saint Eloi,
protégez-nous.
Restes glorieux de saint Pie,
entrez.

AVE VENERANDE PONTIFEX
PER MANUS TUAS ECCE ADSUM
DEO DICATA
CHRISTO SOCIANDA.
PARATA SUM, ORNATA, DESPONSANDA
VENI, CHRISTE, SPONSE.

Salut, Pontife vénérable,
voici que par vos mains sacrées
je serai dédiée à Dieu,
unie à Jésus-Christ.
Je suis préparée, je suis ornée, je suis fiancée,
Seigneur Jésus, époux de la sainte Eglise ca-
venez.   *[tholique,*

SERVI DEI, IN PACE
QUIESCITE
EXPECTANTES
BEATAM SPEM ET ADVENTUM GLORIÆ
CHRISTI DOMINI.

Serviteurs de Dieu
reposez en paix,
attendant
l'espérance bienheureuse et l'avénement
du Seigneur Jésus.